AF226799

UNE

PAGE D'HISTOIRE

CONTEMPORAINE

PAR

JUNIUS

SITUATION MORALE DU PAYS.

LA POLITIQUE ET LES PARTIS. — LA GUERRE.

1870-1884.

LA QUESTION RELIGIEUSE ET LA QUESTION EXTÉRIEURE

UN PROGRAMME DÉMOCRATIQUE ET NATIONAL.

PARIS

L. BAILLIÈRE ET H. MESSAGER

ÉDITEURS

12, RUE DE L'ANCIENNE-COMÉDIE, 12

—

1884

UNE
PAGE D'HISTOIRE
CONTEMPORAINE

PAR

JUNIUS

SITUATION MORALE DU PAYS.

LA POLITIQUE ET LES PARTIS. — LA GUERRE.
1870-1884.

LA QUESTION RELIGIEUSE ET LA QUESTION EXTÉRIEURE

UN PROGRAMME DÉMOCRATIQUE ET NATIONAL.

PARIS

L. BAILLIÈRE et H. MESSAGER
ÉDITEURS

12, RUE DE L'ANCIENNE-COMÉDIE, 12

—

1884

UNE

PAGE. D'HISTOIRE

CONTEMPORAINE

Tacite a dit : *Dans les temps troublés le difficile n'est pas de faire son devoir c'est de le connaître.*

Comme au lendemain de nos désastres de 1870-71, alors que les malheurs de la patrie et les cruelles épreuves subies semblaient avoir affolé les esprits, ces paroles peuvent s'appliquer avec juste raison à l'époque présente qui, elle aussi, est obscure et tourmentée.

Tout est ténèbres autour de nous et dans nous : aucune foi, aucune conviction, aucun principe incontesté n'est resté debout au milieu de l'effondrement général et plus rien dans ce qui nous entoure ne peut servir de guide certain ou de point de ralliement : Les principes séculaires qui servaient autrefois de bases à la société n'existent plus ou sont fortement ébranlés; les idées nouvelles qui semblent appelées à les remplacer dans l'avenir sont encore à l'état d'enfantement et manquent de la consécration de l'expérience.

Aussi est-ce en vain qu'on cherche une voie ouverte pour sortir du chaos moral au milieu duquel nous nous agitons en stériles efforts qui n'ont d'autre effet que de nous conduire à l'énervement.

Non seulement les théories les plus diverses et les plus contradictoires sont aux prises dans une lutte ardente, sans trève ni merci, et trop souvent aussi sans bonne foi; mais chaque parti est lui-même divisé en factions rivales qui s'entredéchirent et se disputent la direction. La confusion est partout, dans les esprits comme dans les choses, et l'on ne peut ni ne veut s'entendre et se comprendre sur rien : les âmes honnêtes et sincères se découragent; les caractères ardents et impatients s'irritent et se jettent tête baissée dans une voie quelconque, au risque de prendre celle qui conduit aux catastrophes ou aux impasses.

La lutte, d'ailleurs, se poursuit entre un petit

nombre d'hommes qui font profession de la politique ou que celle-ci attire; quant à la masse du pays, elle se désintéresse chaque jour davantage des affaires publiques et se retire à l'écart en laissant le champ libre aux éxagérés et aux faiseurs de tous les partis.

L'indifférence et le doute gagnent de proche en proche et menacent le progrès dans sa source vitale même, le septicisme étant un germe de décomposition pour les sociétés et d'impuissance pour les individus qui s'en trouvent atteints.

Enfin, aucun principe supérieur ne vient aider, en réunissant par un lien commun les éléments épars, à la solution des graves questions politiques et sociales qui se dressent menaçantes de tous côtés devant nous; aucune grande passion, aucun idéal n'échauffe et n'élève les cœurs : la seule préoccupation réelle de l'époque est celle de l'argent, du bien-être et des jouissances matérielles, et ce n'est pas ce sentiment terre-à-terre qui peut nous faire marcher d'un pas ferme dans la voie des réformes viriles et relever le pays en lui rendant sa force et sa grandeur.

La foi manquant, *l'action féconde* manque aussi!

Car la foi, — la foi dans une idée, entendons-nous, est le grand levier en toutes choses! .

C'est l'idée chrétienne qui renversa le monde antique pour faire place à la société nouvelle.

C'est l'idée de la Patrie qui, à travers les siècles et les guerres étrangères et civiles, fit la France telle que nous l'avons reçue de nos pères.

Enfin, c'est l'idée de liberté et d'émancipation humaine qui donna à la grande révolution cette irrésistible force d'expansion qui ébranla l'Europe et fit trembler les vieux trônes et les dynasties séculaires.

Aujourd'hui, pour la démocratie, il y a l'idée politique et sociale; la foi dans l'humanité, dans la justice universelle et dans la solidarité des peuples. Mais pour que ces principes constituent un élément suffisant de force et de relèvement à l'intérieur comme d'influence au dehors, il faut qu'ils ne se bornent pas à de pompeuses et vaines formules, mais qu'ils soient entendus dans leur acception suprême, d'une manière large et complète; et surtout, qu'ils soient dégagés des erreurs, des préjugés et des haines du passé!

Pour les nations comme pour les individus rien de durable ni de vraiment grand n'est possible qu'à la condition d'avoir pour base et pour point de départ un sentiment puissant qui les élève au-dessus des influences passagères du jour et des préoccupations étroites des intérêts matériels. Pour les uns comme pour les autres lorsqu'il ne reste plus aucune conviction ni aucun idéal ; lorsque toute foi politique et religieuse est éteinte, la volonté s'affaisse et l'énergie n'est plus qu'intermittente ; l'idée même du devoir va chaque jour s'obscurcissant : le caprice, l'imagination, les basses convoitises et les petites passions du moment emportent l'esprit dans toutes les directions comme une épave sur l'océan capricieux et mobile.

Aussi ne sera-ce que le jour où nous reviendrons à une foi quelconque, d'où qu'elle vienne et quelle qu'elle soit, que nous pourrons retrouver notre voie et ressaisir notre légitime influence dans les affaires du monde ; et cela, plutôt encore par la puissance morale que par la force des armes.

Un grand courant s'établira alors qui nous fera reprendre notre marche en avant sans tâtonnements ni défaillances.

Jusque-là il ne pourra y avoir que faiblesse, tiraillements et inconséquences !

Mais ce sentiment puissant formé d'idéal et de

passion généreuse ne se donne pas à la volonté des hommes ; c'est un souffle mystérieux qui vient à son heure sans que nous puissions rien pour en hâter la venue et, dans l'état actuel des esprits, nul indice ne peut nous le faire présager comme prochain : toutes les aspirations sont aujourd'hui matérielles et l'on n'a guère souci de l'idée que comme moyen et non comme but.

Écartons donc cette hypothèse comme chimérique et, pour conclure, entrons dans le domaine des éventualités pratiques.

Après bien des luttes, des déceptions et des efforts stériles il arrivera que le pays, fatigué des incertitudes du lendemain et des compétitions incessantes des partis et des personnes, voudra à tout prix retrouver une direction ferme et suivie. Alors, à défaut de foi dans une idée, il mettra sa confiance dans un homme auquel il confiera le soin de ses destinées en abdiquant entre ses mains une partie de ses droits souverains.

Combien de temps durera ce nouvel état de choses et quelles en seront les conséquences ? Dieu seul le sait ! Qu'il veuille aussi que ce ne soit pas une nouvelle déception ajoutée à toutes celles du passé !

Quoiqu'il en soit, ce ne sera là qu'un incident fortuit ou, plutôt, une forme passagère de la démocratie qui est, selon toute apparence et nonobstant ses imperfections et ses inconvénients, la formule définitive de notre société avancée.

Abandonnons maintenant le terrain des généralités pour serrer de plus près la situation présente.

Aujourd'hui que, en dehors des causes de désarroi signalées plus haut, une politique extérieure imprévoyante et mal définie, tout particulièrement dans l'extrême Orient, nous menace des embarras les plus graves et qu'un état général de malaise et d'inquiétude pèse sur le pays, toutes les questions qui se rapportent au développement de nos institutions et de nos libertés se trouvent forcément reléguées au second plan dans les préoccupations publiques. L'on n'a plus la quiétude d'esprit nécessaire pour y apporter une attention suivie dans la pasition troublée qui nous est faite.

Cependant, en présence de la lutte engagée, et

chaque jour plus ardente, entre les deux principales fractions du parti républicain, — lutte d'influence autant que de principes, ardente et implacable, et que tout fait présager devoir s'accentuer
encore à mesure que se dérouleront les incidents
journaliers de la politique, — il n'est pas sans
intérêt d'examiner les arguments produits de part
et d'autre à l'appui de leur prétention réciproque
à la direction exclusive de l'opinion et des affaires
du pays.

Tandis que le parti radical accuse violemment
les opportunistes au pouvoir, non seulement de
compromettre le pays par leurs agissements extérieurs, mais encore de déserter à l'intérieur les
grands principes démocratiques qui ont été, cependant, le point de départ de leur fortune politique, et de se dérober à toute réforme sérieuse de
notre organisation économique et sociale pour
s'en tenir à de mesquins expédients dont le seul
but est de tromper les aspirations et les justes impatiences de la démocratie ; ceux-là, invoquant
la loi suprême de la nécessité, ainsi que le besoin
de marcher d'accord avec l'opinion moyenne du
pays, prétendent agir suivant les règles de la plus
élémentaire sagesse et l'intérêt bien entendu de la

République en renfermant leur action dans un programme restreint, mais pratique, de choses réalisables à bref délai sans violence ni secousse.

En retour, ils reprochent à leurs adversaires de manquer de tout sens pratique et de faire acte de mauvaise foi ou d'imprudence en promettant beaucoup plus qu'ils sont en état de tenir et en faisant miroiter aux yeux des masses crédules un programme révolutionnaire, absolu et sans application possible, qui est un véritable leurre pour ceux qui se laissent éblouir par des déclamations aussi vides qu'elles sont bruyantes. Enfin, ils ajoutent que, fussent-elles réalisables, les théories politiques et sociales proclamées par eux avec tant de fracas et sous une forme violente qui fait présager le même caractère dans les actes s'il leur était possible un jour de les appliquer, ne peuvent avoir d'autre effet que d'effrayer l'opinion à l'intérieur et, à l'extérieur, de rendre plus complet encore notre isolement en Europe au milieu des gouvernements monarchiques qui redoutent nos doctrines et nous surveillent avec méfiance.

Quoiqu'il en soit de la valeur de ces critiques il serait bon, aujourd'hui surtout que le ministère opportuniste est menacé d'une chute prochaine, —

à moins, qu'il trouve précisément un répit dans les embarras créés au pays, ou un raffermissement momentané dans un succès diplomatique ou militaire vis-à-vis de la Chine, — que le parti radical en fît son profit et qu'il prouve qu'il n'a pas pour unique rôle l'opposition, mais qu'il possède un programme bien défini tout prêt à être appliqué le jour où, le pouvoir lui tombant dans les mains, il sera mis en demeure de faire preuve d'esprit gouvernemental et d'appliquer son système.

Il nous faudrait donc examiner froidement, sans réticences ni parti pris, la situation du parti avancé, ses idées, ses tendances, ses revendications, ainsi que les limites et les conditions dans lesquelles la mise en pratique de celles-ci est profitable et possible. Mais cette étude risquant de nous entraîner trop loin nous devons nous borner, dans ce court aperçu, à présenter quelques observations sur des points essentiels de conduite et de principes sans croire, bien entendu, qu'elles changeront rien à ce qui est. — Peut-être, cependant, pourront-elles produire quelqu'impression — si toutefois elles sont lues — sur certains esprits plus disposés à entendre la raison !

Tout d'abord deux points à noter : c'est, en pre-

mier lieu le manque d'unité et de cohésion du parti
dont les diverses fractions ne sont pas suffisamment
reliées entre elles dans un centre commun d'action,
par un programme simple et précis de réformes
essentielles, pour agir avec ensemble contre les
résistances de toute nature, actives ou passives,
qui s'opposent à sa marche en avant; seconde-
ment, les inconséquences qui résultent d'aspirations et de sentiments légitimes en eux-mêmes,
mais dont l'application absolue et défectueuse,
loin de conduire au but poursuivi, amène parfois
des atteintes graves aux véritables principes de
liberté, de civilisation et de progrès; c'est-à-dire,
tels que doivent l'entendre ceux qui, d'un côté
veulent le droit égal pour tous, même pour leurs
adversaires; et de l'autre, rejetant les théories
étroites et barbares du passé, poursuivent le ren-
versement des barrières qui séparent les peuples en
répudiant du même coup les jalousies et les haines
aveugles qui les rendent ennemis au grand préju-
dice de leurs plus précieux intérêts, sans autre
raison que les préjugés de l'ignorance et d'un faux
patriotisme !

Des causes diverses énoncées ci-dessus découle
pour le parti démocratique un état de confusion

et d'impuissance en même temps que d'irritabilité excessive qui, à l'intérieur empêche l'application de ses principes et, à l'extérieur, provoque des défiances exagérées que ses théories sociales et politiques seules ne feraient pas par elles-mêmes, tout au moins vis-à-vis des populations, s'il n'y avait d'autre cause.

Mais, tandis que l'idéal immuable **du** parti avancé devrait être le progrès pacifique et ininterrompu par l'entente de tous les peuples dans une étroite solidarité pour la destruction des abus, des privilèges et des injustices qui leur sont communs, nous mettons chaque jour en avant des idées de revanche armée et de représailles sanglantes sans songer que, par ces manifestations inconsidérées, nous nuisons à la libre expansion de notre influence morale et de nos principes rénovateurs chez ces mêmes peuples, — inséparables de leurs gouvernements, — dont nous menaçons la vie et les biens ; et que leur sympathie qui devrait nous être acquise par la communauté des intérêts sociaux dont nous poursuivons la conquête, aussi bien pour eux que pour nous, risque de s'altérer sous l'effet de nos menaces, de nos inconséquences et de nos variations.

Qu'enfin, par notre manière d'agir, nous faisons,

contre nous-mêmes, le jeu des monarques qui épient nos fautes en y cherchant les occasions propices de susciter la malveillance à notre égard et d'entraîner un jour leurs sujets contre nous pour achever notre ruine, si faire se peut !

A ce sujet persuadons-nous bien que Bismarck ne se tient pas pour complètement satisfait de sa victoire contre nous, et que son secret désir est de la consolider en la complétant. Il s'aperçoit, en effet, que, pour la sécurité de son œuvre, il est allé, ou au delà ou en deçà de ce qu'il fallait: au delà, en nous enlevant des provinces dont la conquête, tout en donnant une nouvelle barrière à l'Allemagne, a fait de nous des ennemis irréconciliables ; en deçà, en ne nous ayant pas affaiblis au point de nous mettre hors d'état de redevenir jamais dangereux et d'ôter tout espoir aux populations violemment arrachées à la mère-patrie.

C'est à nous à ne pas prêter le flanc et à garder le choix du moment au lieu de lui fournir prétexte de le choisir lui-même.

Avant d'aller plus loin nous croyons utile de faire un retour sur le passé.

Nous écrivions en octobre 1869 : (*Le Rhin*)

..... « Il n'est personne, aujourd'hui, qui n'en-
« visage l'avenir avec défiance et qui ne s'attende
« à de graves événements dans un avenir plus ou
« moins prochain : l'inquiétude est générale et
« toutes les protestations pacifiques viennent
« échouer contre l'obstination des appréhensions
« publiques.

« Comment pourrait-il en être autrement lorsque,
« en dépit des paroles, les faits viennent chaque
« jour révéler la gravité de la situation et l'im-
« possibilité d'en sortir par les voies modérées;
« lorsqu'il n'y a partout qu'inconséquences et incer-
« titudes et lorsque les conseils de la raison ne
« sont plus écoutés par personne !

« L'Europe tout entière présente le spectacle
« du désordre et de la perturbation morale la plus
« profonde : agitée en tous sens, troublée par
« l'appréhension d'un grand danger et, comme
« sous le poids d'un cauchemar, ne pouvant par-
« venir à écarter le fantôme sanglant de la guerre
« se dressant devant elle; aspirant au repos et aux
« travaux de la paix et menacée à chaque instant
« d'une conflagration qui peut devenir générale;
« enfin, s'énervant dans une attente fiévreuse en

« agrandissant chaque jour le gouffre de son dé-
« ficit par des armements formidables et hors de
« toutes proportions avec ses ressources !

« Elle semble prise de vertige et ne savoir, ni
« ce qu'elle veut, ni où elle va ! — Partout s'é-
« lèvent des prétentions aussi absolues qu'incon-
« ciliables et l'on cherche en vain pour elles une
« autre issue qu'un appel à la force !

« Mais c'est sur le Rhin surtout que le conflit
« paraît imminent et qu'une circonstance fortuite
« peut faire éclater à l'improviste une lutte formi-
« dable. — Là, les événements survenus dans ces
« derniers temps ont élevé entre deux grandes
« nations qui n'auraient jamais dû songer qu'à
« une rivalité pacifique, des jalousies et des dé-
« fiances réciproques : propagées et aigries des
« deux côtés par les funestes excitations d'un faux
« patriotisme et par de malveillantes suggestions
« plus encore que par les préjugés de l'ignorance,
« ces haines mal contenues n'attendent qu'une
« occasion pour se manifester dans toute leur
« violence ! . . . .

. . . .

. . . . . . « Quant à l'intérieur, de quelque
« côté qu'on se tourne, il y a également partout

1...

« un état d'irritation, de malaise et d'inquiétude,
« favorable à tous les entraînemements, à toutes
« les aventures, comme à toutes les paniques : le
« moindre incident imprévu doit suffire à entraîner
« les esprits pour les précipiter vers les solutions
« extrêmes et irréfléchies et nous conduire à la
« guerre.

« Pour les uns c'est un moyen de relever le
« prestige et l'autorité du pouvoir personnel ;
« pour les autres une diversion aux difficultés in-
« térieures et parlementaires. Quant aux classes
« aisées et riches, elles croient y voir un dérivatif
« aux passions et aux convoitises populaires ; tan-
« dis que, pour la grande masse du pays c'est
« l'occasion secrètement désirée depuis longtemps
« de donner libre cours aux sentiments de jalousie
« et de défiance contre la Prusse, et au patrio-
« tisme surexcité !

« Si la guerre, évitée jusqu'à ce jour, tarde en-
« core à éclater, il ne faut l'attribuer qu'à la gra-
« vité de la décision à prendre et, peut-être aussi,
« à l'absence d'un prétexte actuel de rupture. —
« Mais les événements suivront leur cours fatal à
·« moins que, par une vigoureuse et sage réaction,

« on ne parvienne à remonter la pente sur laquelle
« on a glissé.

***

« En attendant un retour d'idées qui est à
« souhaiter, mais qui n'est guère probable, exa-
« minons ce que sera cette guerre qui menace l'un
« et l'autre peuple ; tâchons aussi d'en prévoir,
« sinon les résultats, du moins les conséquences
« possibles.

« Nous n'avons à nous faire aucune illusion,
« c'est dans des conditions peu favorables que
« nous devrons entreprendre cette lutte redou-
« table. La Prusse, qui a su exploiter au profit de
« son ambition le sentiment national allemand et
« qui, une fois déjà, a amené l'Italie à s'intéresser
« au succès de sa cause, peut encore compter sur
« elle au besoin : si ce n'est pas l'Italie monar-
« chique ce sera l'Italie révolutionnaire qui lui
« viendra en aide (1).

« Pour nous, il nous faudra supporter seuls l'ef-
« fort de la lutte et, ni l'Autriche, ni bien moins

(1) S'il en a été autrement et si les choses ont été interverties,
c'est par suite de l'abandon de Rome, de la chute de l'Empire et
de la proclamation en France d'un gouvernement républicain qui
nous a rallié le parti avancé italien.

« encore aucune autre puissance ne nous viendra
« en aide.

« L'Autriche s'abstiendra parce qu'elle a tout in-
« térêt à ménager les sympathies allemandes qui
« lui reviennent et qu'elle pourrait s'aliéner pour
« longtemps par une alliance trop étroite avec
« nous dans les circonstances présentes. Le dua-
« lisme ombrageux des deux principaux éléments
« dont se compose son empire lui font aussi une
« loi d'agir avec circonspection et empêche, jus-
« qu'à certain point, sa liberté d'action.

« D'ailleurs, la nouvelle situation que lui ont
« faite les revers infligés par nous-mêmes ou par
« notre faute lui donnent le droit de se renfermer
« strictement dans le soin de sa sécurité et d'ob-
« server, dans une neutralité attentive, la marche
« des événements.

« En dehors de l'Autriche, nous ne voyons au-
« cun allié sur lequel nous puissions compter :
« toutes les autres puissances se tiendront à l'écart
« avec défiance, prêtes à contrecarrer nos visées
« ambitieuses si nous avions le dessus.

« Quoiqu'il en soit, nous ne voulons pas mettre
« en doute le succès de nos armes et nous admet-
« tons que nous restions maîtres de la situation

« sans qu'aucun tiers vienne nous entraver : nous
« reculerons nos frontières en prenant les pro-
« vinces rhénanes; nous affaiblirons la Prusse au
« profit de l'Autriche ou de toute autre manière;
« enfin, nous punirons l'Italie de son attitude
« hostile, ou tout au moins passive, en rétablis-
« sant le royaume de Naples et en rendant au
« Saint-Siège l'intégrité de son ancien patrimoine.

« Cela fait, aurons-nous reconquis notre sécu-
« rité? Non, car le danger aura simplement changé
« de nature !   .   .   .   .

.   .   .   .

.   .   .   .   .   « Quant à une défaite, nous ne
« voulons ni n'osons en prévoir la possibilité et les
« conséquences désastreuses ! ! !

« Maintenant, si telle n'est pas l'intention du
« pays de sacrifier sa jeunesse et ses trésors pour
« un résultat douteux et, fût-il favorable, de
« perdre en progrès ce qu'il pourrait gagner en
« territoire, il faut qu'il se décide sans perdre un
« jour à se prononcer hautement contre toute
« guerre qui n'aurait pour but que de donner sa-
« tisfaction à l'amour-propre froissé, à des craintes
« exagérées, ou à une ambition de conquête. —
« Mais qu'alors, conséquents avec nous-mêmes,

« nous abandonnions toute jalousie, toute récré-
« mination, toute arrière-pensée, ne cherchant que
« dans le seul développement de nos institutions,
« de nos richesses et surtout de nos libertés,
« un contre-poids à l'agrandissement de nos voi-
« sins et une influence qui ira toujours en ga-
« gnant. . .   .   .

.   .   .   .

.   .   .   .   « Mais si tous les arguments en
« faveur d'une politique de conciliation et de paix
« sont impuissants à ramener les esprits ; si nous
« ne pouvons accepter résolûment et sans retour
« inutile sur le passé la situation créée par les
« récents événements ; si, enfin, nous croyons que
« notre sécurité est compromise et que la modé-
« ration deviendrait un péril, commençons d'a-
« bord et dès aujourd'hui à nous préparer à cette
« lutte formidable, en déployant toutes les res-
« sources que peut fournir le patriotisme.

« Que la déclaration de guerre ne soit pas un
« acte d'ambition du pouvoir ou du caprice du
« peuple, mais une décision virile et réfléchie du
« pays. .   .   .   .

.   .   .   .

.   .   .   .   « Quelle que soit la voie que nous
« choisissions, nous devons, en tout cas, nous ar-

« rêter à une politique suivie et cesser d'exciter la
« défiance entre nous par l'inconstance de nos
« idées et par la soudaineté de nos entraînements.
« — Nous avons proclamé tour à tour les prin-
« cipes les plus divers et les plus incompatibles,
« sans jamais marcher droit dans aucun; il est
« temps, maintenant, de choisir un programme et
« de s'y tenir !   .   .   .   .

.   .   .   .   »

**

Dans ces lignes écrites il y a quinze ans, bien
des choses pourraient, nous semble-t-il, s'appliquer à la situation présente.

Seulement, alors nous avions pour objectif notre
prépondérance en Europe que nous croyions menacée, tandis qu'aujourd'hui c'est de notre sécurité
et peut-être même de notre existence comme
grande nation qu'il s'agit.

En 1869, nous pouvions rêver de conquêtes;
maintenant nous pleurons l'Alsace et la Lorraine,
et notre ambition se borne à l'espoir de reprendre
nos provinces perdues.

Néanmoins, et quelle que soit la modération de
nos vues et la légitimité de nos impatiences, nous

dirons encore que l'heure n'est pas venue et que nous devons continuer à nous renfermer en nous-même.

Mais, alors, renonçant aux rancunes stériles et aux provocations imprudentes, quand elles ne sont pas ridicules, ne serait-il pas plus digne et à la fois plus logique et plus sage d'abandonner d'inutiles récriminations en laissant au temps et aux événements imprévus que réserve l'avenir, le soin de résoudre à notre profit les questions qui nous tiennent à cœur et dont la solution s'obtiendra, peut-être, par des moyens tout pacifiques.

En attendant, notre principal souci doit être de nous mettre à même, autrement encore que par des préparatifs militaires, de tirer parti de ces circonstances qui seront nos plus sûrs auxiliaires si nous savons les saisir quand elles se présenteront.

*
* *

Les inconséquences que nous venons de signaler dans notre conduite extérieure se reproduisent dans nos affaires intérieures.

Laissant pour le moment de côté les divisions et les subtilités qui divisent le parti avancé, ne nous occupons que d'une question d'une importance capitale, par les conséquences qu'elle peut avoir; question brûlante où nous risquons fort, nous le savons, de nous heurter à des défiances invincibles et de nous faire accuser de défaillance, si ce n'est de défection.

En haine d'un clergé dont les traditions et les tendances nous paraissent suspectes, nous enveloppons, avec autant d'injustice que d'imprudence, les idées religieuses elles-mêmes dans une commune prescription, au risque de nous affaiblir ainsi de toute la force que nous donnons à nos adversaires.

Ne nous y trompons pas, cependant : l'athéisme et le matérialisme qui nous envahissent peu à peu sont, de leur nature, des principes impuissants et stériles. Ils constituent un dangereux élément de décomposition et d'abaissement et le jour où ces idées auraient pénétré dans le cœur du pays nous serions prêts pour être asservis par un despotisme quelconque ou par la force brutale : les intérêts peuvent toujours être gagnés ou vaincus; à l'idée seule il est donné de résister victorieusement à toute inique oppression, quelque nom qu'elle porte et de quelque côté qu'elle vienne !

Si la propagande active et passionnée qui se fait dans ce sens est un simple moyen de guerre destiné à combattre l'influence cléricale que nous croyons nous être hostile et à pousser en même temps les masses aux revendications implacables, il est cruel de l'employer ainsi aveuglément ; car, avant d'enlever aux trop nombreux déshérités de ce monde une espérance suprême au terme de leur misérable existence, encore faudrait-il être sûr de pouvoir leur donner en compensation leur part de biens et de jouissances ici-bas.

Jusque-là vous n'avez pas le droit de leur enlever leur foi — leur illusion, si vous voulez — pour les jeter dans le désespoir farouche et sans bords.

Il est, d'ailleurs, des douleurs et des infortunes pour lesquelles vous serez toujours impuissants !

Mais, écartant ici la question de sentiment, nous dirons que c'est là une arme aussi dangereuse, peut-être, pour celui qui l'emploie que pour ceux qu'elle menace.

Sans compter l'âpreté des passions que vous surexcitez imprudemment et qu'il vous est impossible de satisfaire, bien des gens qui ont au fond du cœur le sentiment inné de la justice et qui accepteraient les théories sociales les plus avancées, hésitent et reculent devant celle de l'athéisme érigée en principe.

Quant au clergé lui-même, peut-être une bonne partie se ralierait-il sans arrière-pensée — sinon ostentiblement, tout au moins dans son for intérieur, — aux réformes démocratiques qui sont le but de nos efforts, si l'idée religieuse ne semblait devoir en être proscrite.

Qu'on demande la séparation de l'Église et de l'État; qu'on veuille une tolérance et des droits égaux pour les divers cultes, rien de mieux! Mais de là à envelopper dans une même hostilité toute croyance en atteignant du même coup les générations futures dans leur libre arbitre et dans le domaine sacré de la conscience, il y a loin!

Nous le répétons, cette manière d'agir est, non seulement une injustice, c'est encore une maladresse capable de rebuter des bons vouloirs dont le concours pourrait nous être acquis; et le fameux cri de guerre « *Le cléricalisme, voilà l'ennemi !* » qui semblait devoir être une habile diversion politique pour rallier le parti républicain divisé, n'a eu pour effet jusqu'à présent que d'aggraver le mal en portant la lutte sur le terrain religieux lui-même et en divisant le pays en deux camps ennemis nouveaux.

D'ailleurs, toutes les réformes sociales ayant leur base et leur point de départ dans la justice naturelle, et le fond des doctrines de la plupart des religions n'y ayant rien de contraire, le progrès sous toutes ses formes, comme la liberté elle-même dans ses manifestations les plus radicales peuvent vivre côte à côte avec les dogmes spiritualistes sans être entravés par ceux-ci : la Suisse et les États-Unis d'Amérique qui sont en république ont-ils cru devoir les proscrire et se sont-ils jamais trouvés menacés par la tolérance complète dont ils usent à cet égard?

Ceci nous conduit tout natuellement à parler de la liberté.

Beaucoup trop de gens, parmi ceux qui se croient, de bonne foi, républicains, ne la comprennent guère que pour eux et sont disposés, le cas échéant, aux pires excès d'arbitraire et d'intolérance lorsqu'il s'agit d'en laisser profiter leurs adversaires.

Ce n'est pas ainsi, pourtant, que doit être entendu ce grand principe : chacun doit pouvoir en jouir également dans les limites des lois établies pour la protection de tous.

De même que vous voulez, avec juste raison, le droit absolu d'exposer et de défendre librement vos idées, vous êtes tenu d'accorder aux autres la même faculté à cet égard, et ce n'est pas en cherchant à étouffer leur voix par des rigueurs, des menaces ou des injures que vous gagnerez à votre cause les esprits généreux, indépendants et fiers, c'est-à-dire ceux qui forment le meilleur appoint d'un parti comme le nôtre !

Enfin, pour l'honneur de vos principes, vous devez prêcher d'exemple et pratiquer, même jusqu'à leurs plus extrêmes limites, la tolérance et la liberté. Il ne suffit pas de promettre d'y venir une fois le terrain déblayé de certaines résistances contre lesquelles des mesures énergiques sont nécessaires : les résolutions de ce genre qu'on remet au lendemain risquent fort de ne s'effectuer jamais et l'arbitraire est un engrenage où l'on passe tout entier une fois que le doigt y est pris !

Songez aussi que s'il survenait un jour un de ces revirements imprévus, dont l'histoire offre de fréquents exemples, par suite duquel les rôles

vinssent à être intervertis et que, majorité probable à bref délai, vous deveniez plus tard une
minorité politique impuissante n'ayant d'autres
droits que ceux qui résultent de la liberté, il faut
qu'alors vous puissiez revendiquer hautement
ceux-ci comme une tradition sans qu'on ait la
possibilité de vous les contester ni marchander.

Que ce soit là une conquête indiscutable, un
fait acquis et entré dans le domaine public.

Attachons-nous donc dès aujourd'hui et sans
perdre un jour à fonder cette tradition qui peut
devenir une sauvegarde pour nos propres principes
et gardons-nous de mesures semblables à celles
qu'ont motivées les trop fameux décrets.

Avant de terminer ce rapide examen, revenons
encore une fois sur la question de nos rapports
extérieurs qui, eux aussi, doivent avoir pour bases
la tolérance, la modération et l'équité.

Quoique nous fassions, nous n'avons à compter
jamais sur la sympathie des gouvernements monarchiques et conservateurs qui nous entourent et
qui sont les ennemis naturels de nos principes et
de nos formes politiques. Aussi devons-nous être

en garde contre leurs desseins avoués ou cachés et marcher sans eux ou même, au besoin, malgré eux.

Mais si nous sommes seuls juges de ce qu'il nous convient de faire chez nous, en revanche, évitons toute ingérence dans les affaires intérieures de nos voisins ; que la propagande de notre influence morale et de nos idées se fasse tout naturellement par la force même des choses et par une sorte de rayonnement lumineux, en quelque sorte : l'effet de notre exemple et des résultats acquis fera plus pour cet objet que les paroles, les écrits et les menées souterraines.

Gardons-nous surtout de la coupable imprudence d'encourager d'aucune façon les sujets des autres États à la rébellion contre les lois de leur pays, tandis qu'il nous serait impossible de leur donner un appui quelconque et que nous serions exposés au triste rôle d'assister, impuissants, au spectacle de cruelles répressions auxquelles nous ne pourrions mettre obstacle sans compromettre notre propre sécurité.

En un mot, laissons les autres vivre chez eux avec les institutions qu'il leur convient d'avoir et restons chez nous et entre nous, sans bouderie comme sans avances intempestives au dehors.

C'est dire que nous devons définitivement renoncer aux visites officielles de souverains dont la présence parmi nous ne peut qu'être une cause de difficultés et d'embarras : elles nous exposent, en effet, à des inconséquences de principes et au danger possible de quelque manifestation fâcheuse qu'aucune mesure de police ne saurait empêcher, quoiqu'on dise, dans un gouvernement démocratique comme le nôtre où l'opinion publique est souveraine. Ce n'est pas, d'ailleurs, parce qu'un monarque aura passé quelques jours dans nos murs, — fût-il reçu avec sympathie et honneur, — que cela changera en rien ses desseins et qu'il se trouvera acquis par là à nos idées et à nos intérêts.

Ayant donc des ennuis presque certains à prévoir de ces réceptions princières, et n'y pouvant rien gagner, le mieux est de nous abstenir !

Pour nous résumer, voici en quelques lignes le programme sommaire qui nous paraît devoir être celui du parti démocratique.

A l'intérieur :
Entente sur un plan large, mais précis, de ré-

formes à faire dans nos lois, nos institutions et notre organisation sociale, en étudiant, en même temps que les questions elles-mêmes, les moyens capables d'en hâter l'application.

Révision de la Coñstitution et en premier lieu abandon ou modification profonde du parlementarisme menteur qui nous énerve.

Application loyale et sincère de la liberté dans toutes ses applications, sans exception pour aucune théorie, ni ostracisme envers personne.

Tolérance complète pour tous les cultes.

Cessation de la lutte religieuse et, par suite, renonciation à la propagande athéiste et matérialiste érigée en principe et en arme de guerre.

Enfin, instruction gratuite à tous les degrés, et éducation virile et forte de la jeunesse, pour fournir au travail des hommes vigoureux, au pays des défenseurs énergiques au jour d'un danger national.

A l'extérieur :

Attitude ferme, mais réservée, vis-à-vis de nos voisins, en évitant toute immixtion dans leurs affaires intérieures.

Renonciation *a priori* et comme question de principe à toute idée de guerre, sauf le cas d'intérêt majeur ou de danger pour le pays; nous renfermer dans les soins exigés par nos affaires intérieures, le développement de notre commerce et l'extension de nos colonies.

Le champ qui restera ouvert à notre activité est encore assez vaste pour absorber toute notre attention, pour utiliser toute notre initiative! D'ailleurs, les guerres, quelle que soit la justice de leur cause, n'ont presque jamais pour effet que d'en appeler d'autres, de faire reculer la civilisation et de retarder l'heure des réformes politiques et sociales.

Se tenir prêts, toutefois, à sortir de cette réserve si un grand intérêt national ou de civilisation vient à se trouver en jeu; car la modération n'est pas l'effacement.

Quant à nos possessions extérieures et au maintien de notre influence dans les contrées lointaines, nous pouvons avoir une politique coloniale active, sans que pour cela elle soit agressive et qu'elle nous mette en lutte sur tous les points du globe.

Enfin, et comme conséquence de ce qui précède, modération de langage en évitant les inutiles récriminations, les vaines menaces et les injures irritantes à l'égard de nos adversaires, soit du dedans, soit du dehors.

Nous réserver tout entiers pour le travail et l'action !

*
* *

Les diverses questions soulevées ci-dessus demanderaient des développements hors d'à-propos dans ce court exposé.

Nous n'avons voulu qu'esquisser à grands traits la ligne de conduite que nous croyons la meilleure et la plus rationnelle pour la démocratie dans les circonstances présentes et signaler les écueils à éviter; sauf, s'il y a lieu, à reprendre cette étude en sous-œuvre dans ses principales parties.

Paris, novembre 1883.

FIN.

Saint-Denis. — Imp. Ch. LAMBERT, 17, rue de Paris